186734

Tiger Woods

Jonatha A. Brown

Consultora de lectura: Susan Nations, M.Ed., autora/tutora de alfabetización/consultora

WEEKLY WR READER®
EARLY LEARNING LIBRARY

Please visit our web site at: www.earlyliteracy.cc
For a free color catalog describing Weekly Reader® Early Learning Library's list
of high-quality books, call 1-877-445-5824 (USA) or 1-800-387-3178 (Canada).
Weekly Reader® Early Learning Library's fax: (414) 336-0164.

Library of Congress Cataloging-in-Publication Data

Brown, Jonatha A.
    [Tiger Woods. Spanish]
    Tiger Woods / by Jonatha A. Brown.
        p. cm. — (Gente que hay que conocer)
    Includes bibliographical references and index.
    ISBN 0-8368-4355-X (lib. bdg.)
    ISBN 0-8368-4362-2 (softcover)
    1. Woods, Tiger—Juvenile literature. 2. Golfers—United States—Biography—Juvenile literature.
  I. Title. II. Series.
GV964.W66B7618   2004
796.352'092—dc22
  [B]   2004053588

This edition first published in 2005 by
Weekly Reader® Early Learning Library
330 West Olive Street, Suite 100
Milwaukee, WI 53212 USA

Copyright © 2005 by Weekly Reader® Early Learning Library

Based on *Tiger Woods* (Trailblazers of the Modern World series) by Lucia Raatma
Editor: JoAnn Early Macken
Designer: Scott M. Krall
Picture researcher: Diane Laska-Swanke
Translators: Tatiana Acosta and Guillermo Gutiérrez

Photo credits: Cover, title, pp. 5, 16 © J. D. Cuban/Getty Images; pp. 4, 8 © Jamie Squire/Getty Images;
p. 7 © Gary Newkirk/Getty Images; p. 9 © Alan Levenson/CORBIS; p. 10 © Ken Levine/Getty Images; p. 12
© Patrick Murphy-Racey/Getty Images; p. 13 © Rusty Jarrett/Getty Images; p. 15 © Mark Perlstein/Time Life
Pictures/Getty Images; p. 17 © Jeff Mitchell/Reuters; p. 20 © Logan Mock-Bunting/Getty Images

Printed in the United States of America

1 2 3 4 5 6 7 8 9 08 07 06 05 04

Contenido

Las palabras del Glosario van en **negrita**
la primera vez que aparecen en el texto.

Capítulo 1: Cachorro de tigre

Tiger Woods es uno de los mejores golfistas del mundo.

Tiger Woods nació el 30 de diciembre de 1975. Fue un bebé muy lindo, de piel suave y morena y ojos oscuros. Recibió el nombre de Eldrick, pero nadie lo llamaba así. Siempre se le conoció como Tiger.

Tanto el padre como la madre de Tiger procedían de familias interraciales. Tiger y sus padres vivían en Cypress, California, donde la mayoría de la gente era blanca. Algunas personas no querían tener vecinos de piel oscura, y deseaban que la familia Woods se fuera. Pero los padres de Tiger no se marcharon.

Al padre de Tiger también le encanta el golf. Aquí aparece con Tiger durante un juego.

Permanecieron en Cypress, donde criaron a su hijito.

Al padre de Tiger le gustaba jugar al golf. A veces no se le permitía jugar en sitios donde jugaban los blancos. Eso no le gustaba, pero seguía disfrutando de ese deporte.

El señor Woods solía practicar su **swing** en el garaje de casa. Le encantaba que su hijito lo observara. Los dos se divertían juntos. Tiger se sentaba en su sillita y reía sin parar mientras su padre practicaba.

Un comienzo temprano

El pequeño Tiger también quería golpear las bolas de golf. Un día, agarró un gran palo de golf y lo movió como hacía su padre.

¡Apenas podía pararse, pero consiguió golpear la bola! Tiger se sintió orgulloso y feliz.

Su padre se llevó una gran sorpresa. Pronto, el niño aprendió a caminar, y acompañó a su padre a jugar al golf. Ambos caminaban juntos por los campos de golf. Tiger también quería jugar, pero los palos de su padre eran el doble de grandes que él. El señor Woods pronto resolvió el problema. Le compró a su hijo un juego de pequeños palos de golf.

Tiger ya podía jugar al golf, y practicó sin descanso con sus pequeños palos. Su *swing* era muy bueno. Cuando tenía tres años, jugaba tan bien como muchos adultos. ¡Tiger era fantástico!

Cuanto más practicaba Tiger, mejor jugaba.

Capítulo 2: Días de escuela, días de golf

Tiger empezó a ir a la escuela cuando tenía cinco años. Su primer día de clase no fue fácil. Algunos niños

La madre de Tiger está muy orgullosa de su hijo.

blancos mayores que él lo insultaron y golpearon. No conocían a Tiger; lo hicieron sólo porque su piel era oscura. Tiger se sintió dolido y confundido, pero volvió a la escuela. Aprendió a **no hacer caso** de la gente a la que no le gustaba su color de piel.

Se esforzó y consiguió buenas notas. Le seguía gustando jugar al golf, pero sus padres le decían que lo más importante era la escuela. No podía jugar al golf hasta que no terminara sus tareas.

El señor Woods fue el primer entrenador de Tiger.

9

Lo primero es lo primero

El señor y la señora Woods sabían que su hijo era un jugdor de golf muy bueno, pero no querían que su

Cuando era pequeño, Tiger jugaba para divertirse, pero también para ganar.

habilidad y su éxito lo malcriaran. Por eso, para ellos lo más importante era la escuela. También le enseñaron que siempre debía ser amable, dentro y fuera de los campos de golf.

Pasaron algunos años, y Tiger siguió jugando al golf. Cuando tenía ocho años, Tiger participó en un gran **torneo** para niños. Era el jugador más joven. Nadie pensó que tuviera posibilidades de ganar, pero todos estaban equivocados. Para sorpresa de todos, consiguió triunfar.

Aprender a jugar

Tiger Woods empezaba su camino. Participó en más torneos, y ganó bastantes. Golfistas de todas las edades comenzaron a hablar de él. Algunos pensaban que llegaría a hacerse famoso.

Cuando era adolescente, Tiger jugaba bien, pero no ganaba todos los torneos. A veces se ponía nervioso. A veces no jugaba todo lo bien que podía. Tiger aprendió mucho en aquellos días. Aprendió a no culpar de sus errores a los demás. Aprendió a comportarse bien aunque hubiera perdido, y a sonreír y **felicitar** al triunfador.

Capítulo 3: La universidad y el futuro

Después de la escuela secundaria, Tiger fue a la Universidad de Stanford, en California. Allí tuvo que estudiar mucho para pasar los cursos. Además, siguió esforzándose por mejorar como jugador de golf. En 1994, se había convertido en uno de los mejores jugadores jóvenes del país. Tenía muchos motivos para sentirse orgulloso. Pero Tiger no estaba

Tiger estudió en la Universidad de Stanford, y jugó en su equipo de golf.

En 1994, Tiger ganó el Campeonato Amateur de Estados Unidos. Fue el vencedor más joven de la historia de ese torneo.

satisfecho. Quería jugar aún mejor.

Tiger estaba muy ocupado. Asistía a las clases y estudiaba mucho. En ese sentido, era como la mayoría de los estudiantes. Pero él, además, jugaba al golf por todo el país. Muchas veces, apenas tenía tiempo para ir de un lugar a otro.

Se hace profesional

Después de dos años, comenzó a sentirse cansado. Ir a la universidad era como un trabajo a tiempo completo, y jugar al golf también podía serlo. Tiger empezó a pensar que no podía hacer las dos cosas. Habló con sus padres. Los tres estuvieron de acuerdo en que Tiger tenía que tomar una importante decisión.

Tiger había estado jugando al golf durante muchos años. Había ganado muchas veces. Había obtenido muchos trofeos. Pero nunca había jugado como **profesional**; eso quería decir que nunca había recibido un premio de dinero en un torneo de golf.

Los mejores jugadores de golf son profesionales. Cuando triunfan en un torneo, ganan dinero. Y si no triunfan, no lo ganan. Tiger decidió hacerse

Tiger se hizo profesional en 1996. En su primer torneo profesional, el Open de Greater Milwaukee, consiguió un hoyo de un solo golpe.

profesional. Abandonaría la universidad y jugaría al golf por dinero.

Capítulo 4: Golfista profesional

Tiger en su primer año como profesional. Aquí está calculando un golpe.

Tiger se hizo profesional en 1996. Sólo tenía veinte años. Algunos golfistas dijeron que era demasiado joven. Algunos dijeron que no sería capaz de competir con los mejores. Pero Tiger y sus padres pensaban que estaba preparado.

¡El sabor de la victoria es muy dulce! Tiger ha ganado muchos grandes trofeos como éste.

En su primer torneo profesional no lo hizo muy bien. Acabó en el puesto sesenta. Pero Tiger mejoró muy pronto. En su cuarta **competencia** fue tercero. Y luego, en su quinto torneo, superó a los demás jugadores y acabó el primero. ¡Tiger había ganado un torneo profesional!

En los meses siguientes, Tiger jugó bien. No siempre ganó, pero siempre estuvo entre los mejores. Otros golfistas dijeron de él que era el mejor de los nuevos jugadores de ese año. La revista *Sports Illustrated* lo nombró Deportista del Año. Tiger se sintió muy orgulloso.

Éxito dentro y fuera de los campos de golf

Han pasado los años, y Tiger Woods aún sigue destacando. Ha ganado la mayoría de los principales torneos de golf al menos una vez. Se le ha reconocido como uno de los más grandes golfistas de nuestra época. Es tan popular que muchas compañías quieren que las ayude a vender sus productos. Es frecuente verlo en anuncios publicitarios. En 2003, sus **compañeros** lo homenajearon por quinto año consecutivo. Los jugadores de la Asociación de Golfistas Profesionales (PGA) lo nombraron Jugador del Año.

Nuevos records

Tiger Woods ha establecido muchos records. Su carrera comenzó muy pronto. Es el vencedor más joven del Campeonato Amateur Junior de Estados Unidos. Es también el vencedor más joven del Campeonato Amateur de Estados Unidos.

El *Grand Slam* es una serie de cuatro torneos de golf. Tiger Woods es el jugador más joven que ha conseguido los cuatro. Después, se convirtió en el único que ha ganado los cuatro seguidos. Tiger Woods aún sigue estableciendo nuevos records.

Tiger también destaca por otras razones. Casi todos los demás golfistas son blancos. Tiger no lo es. Su éxito ha demostrado que el color de la piel no importa para jugar al golf. En su tiempo libre, Tiger da clases de golf a niños y niñas de todas las razas y procedencias. Les enseña que éste puede ser un gran deporte para quienes lo aman.

A Tiger le gusta estar con sus seguidores. También le gusta ayudar a los jugadores más jóvenes dándoles consejos.

La Fundación Tiger Woods

Tiger Woods sabe cómo lograr lo que se propone. Quiere transmitir lo que ha aprendido, y que los niños actúen responsablemente y se diviertan. Les enseña a jugar limpio y a respetar las reglas. Con el fin de aportar su ayuda, estableció la Fundación Tiger Woods. Tiger Woods invierte su tiempo y su dinero para ayudar a los demás.

La Fundación Tiger Woods recauda dinero para buenas causas. Les dice a los padres que se impliquen en la vida de sus hijos. Da dinero a programas para la infancia y las familias. Ofrece cursos de golf para niños. Concede **becas** a estudiantes. Ayuda a los niños a hacer realidad sus sueños.

Glosario

beca — dinero que se da para pagar gastos de educación

compañeros — personas que se dedican a la mismo

competencia — prueba deportiva

felicitar — demostrar alegría por el éxito de otra persona

no hacer caso — no prestar atención

profesional — alguien que practica un deporte para ganar dinero

satisfecho — contento o complacido

swing — golpe que se da con un movimiento de barrido del brazo

torneo — serie de juegos o competencias

Más información

Libros

Tiger Woods. All Aboard Reading (series). Andrew Gutelle (Grosset & Dunlap)

Tiger Woods. Real People (series). Pamela Walker (Children's Press)

Tiger Woods. Real-Life Reader Biography (series). John Albert Torres (Mitchell Lane)

Tiger Woods. Sports Heroes (series). Elizabeth Sirimarco (Capstone)

Páginas Web

Personas ejemplares en Internet: Tiger Woods

www.rolemodel.net/tiger/tiger.htm

Información interesante sobre la vida y la carrera deportiva de Tiger

Página oficial de Tiger Woods

www.tigerwoods.com/splash/splash.sps

Gran cantidad de detalles y estadísticas sobre la carrera deportiva de Tiger

Índice

Información sobre la autora

Jonatha A. Brown ha escrito varios libros para niños. Vive en Phoenix, Arizona, con su esposo y dos perros. Si alguna vez te pasas por allí y ella no está trabajando en algún libro, lo más probable es que haya salido a cabalgar o a ver a uno de sus caballos. Es posible que esté fuera un buen rato, así que lo mejor es que regreses más tarde.